AF313187

# CATALOGUE

D'UNE

# COLLECTION DE LIVRES

DE LITTÉRATURE ET D'HISTOIRE

DE LIVRES SUR LES ARTS

ET D'UN CHOIX

## D'ESTAMPES ET DE PORTRAITS

LA PLUPART RELATIFS A L'HISTOIRE DE PARIS

PROVENANT

## DE LA COLLECTION DE M. C***

DONT LA VENTE AURA LIEU

*Le vendredi 6 mai prochain 1864, et les jours suivants,*
*à 7 heures du soir,*

**Rue des Bons-Enfants, 28, Salle Silvestre,**

Par le ministère de Mᵉ **FOURNEL**, commissaire-priseur,
rue de l'Échiquier, 40

## PARIS

CHEZ J. TECHENER, LIBRAIRE

RUE DE L'ARBRE-SEC, 52, AU PREMIER.

1864

# PUBLICATIONS NOUVELLES.

**Catalogue de la bibliothèque de l'abbaye de Saint-Victor au seizième siècle**, rédigé par François Rabelais, commenté par le bibliophile Jacob, et suivi d'un essai sur les bibliothèques imaginaires, par Gustave Brunet, membre de l'Académie de Bordeaux. 1 vol. in-8°. . . . 7 fr. 50

Tiré à petit nombre; on en a imprimé *cent exemplaires sur grand papier vergé*, semblable aux publications de la Société de l'Histoire de France; prix : 12 francs ; — et *cinquante* sur grand papier de Hollande ; prix : 20 francs.

**Mémoires du marquis de Chouppes**, suivis des *Mémoires du duc de Navailles* et de *La Valette* (1630-1642), revus, annotés et accompagnés de pièces justificatives inédites, par M. Moreau, rédacteur au journal *l'Union*, auteur de la *Bibliographie des Mazarinades*, etc. 1 v. in-18. 7 fr. 50

On a imprimé *cent* exemplaires sur papier vergé, semblables aux publications de la Société de l'Histoire de France; prix : 12 fr.; et *cinquante* sur grand papier de Hollande; prix : 20 fr.

**Archives royales de Chenonceau.** Debtes et créanciers de la royne mère Catherine de Médicis (1589-1606); documents publiés pour la première fois d'après les archives de Chenonceau, avec une introduction par l'abbé Chevalier, secrétaire de la Société archéologique de Touraine. 1 vol. grand in-8° de LXIX et 136 pages sur papier vergé . . . . . . . . . . . 8 fr.

Publication d'un très-grand intérêt et d'une grande importance historique, tirée à très-petit nombre. — Quelques exemplaires ont été *imprimés sur papier de Hollande;* prix : 18 fr.

**Table alphabétique des noms d'auteurs** du Catalogue de M. Solar, avec les prix d'adjudication, la liste des livres imprimés sur vélin *ex libris*. Grand in-8° à 2 colonnes. (*Tiré à petit nombre.*) . . . . . . . 4 fr.
Papier de Hollande. . . . . . . . . . . . . . . . . . . . 8 fr.

Le Catalogue de M. Solar, dont il reste *seulement quelques exemplaires*, se vend séparément : la première partie, 1 vol. grand in-8°, prix : 7 fr. — La deuxième partie, brochure, 3 fr. — La table, 4 fr. — Prises ensemble, les trois parties, 10 fr.

**Mélanges curieux et anecdotiques** tirés d'une collection de lettres autographes et de documents historiques de M. Fossé d'Arcosse, publiés avec les notes du collecteur et une introduction par Charles Asselineau. 1 gros vol. in-8° de XVI et 504 pages . . . . . . . . . . . . . . . . 6 fr.

**Le Prêtre marié**, épisode de la révolution française, par le comte de Poligny, précédé d'une introduction par M. Ch. Nodier. 1 vol. in-12 br. . . 3 fr. 50

**Histoire anecdotique de la jeunesse de Mazarin**, par C. Moreau, auteur de la *Bibliographie des Mazarinades*. 1 vol. in-12 br. . . . . . 3 fr. 50

**Lettres de Marie de Rabutin Chantal, marquise de Sévigné**, nouvelle édition, revue avec soin et annotée par M. Silvestre de Sacy, de l'Académie française. MISE EN VENTE DU DIXIÈME VOLUME. . . . . . . . . . . . 5 fr.
Grand papier vergé. . . . . . . . . . . . . . . . . . . . . 10 fr.

**Histoire artistique, industrielle et commerciale de la porcelaine**, par Albert Jacquemart et Edmond le Blant, enrichie de 29 planches dessinées et gravées à l'eau-forte par Jules Jacquemart. Ouvrage terminé, complet. — Trois fascicules in-fol., ensemble de 690 pages . . . . . . . . . 60 fr.

Paris. — Typographie de Ad. Lainé et J. Havard, rue des Saints-Pères, 19.

# CATALOGUE

# DES LIVRES

DE LA

## COLLECTION DE M. C***.

# ORDRE DE LA VENTE.

---

PREMIÈRE VACATION : *vendredi 6 mai* 1864.

Nos **233** — à la fin.
**191** — **232**

DEUXIÈME VACATION : *samedi 7 mai.*

Nos **1** — **190**

---

## CONDITIONS DE LA VENTE :

Il y aura, le jour de la vente, exposition, de 2 à 4 heures, des livres qui seront vendus le soir.

Les livres vendus devront être collationnés sur place dans les vingt-quatre heures de l'adjudication. Passé ce délai, ou une fois sortis de la salle de vente, ils ne seront repris pour aucune cause.

Les acquéreurs payeront, en sus du prix d'adjudication, 5 centimes par franc, applicables aux frais.

M. Techener remplira les commissions des personnes qui ne pourraient assister à la vente.

---

Paris. — Imprimerie de Ad. Lainé et J. Havard, rue des Saints-Pères, 19.

# CATALOGUE

D'UNE

# COLLECTION DE LIVRES

## DE LITTÉRATURE ET D'HISTOIRE

## DE LIVRES SUR LES ARTS

ET D'UN CHOIX

## D'ESTAMPES ET DE PORTRAITS

LA PLUPART RELATIFS A L'HISTOIRE DE PARIS

PROVENANT

## DE LA COLLECTION DE M. G***

DONT LA VENTE AURA LIEU

*Le vendredi 6 mai prochain 1864, et les jours suivants,*
*à 7 heures du soir,*

**Rue des Bons-Enfants, 28, Salle Silvestre,**

Par le ministère de Mᵉ FOURNEL, commissaire-priseur,
rue de l'Échiquier, 40

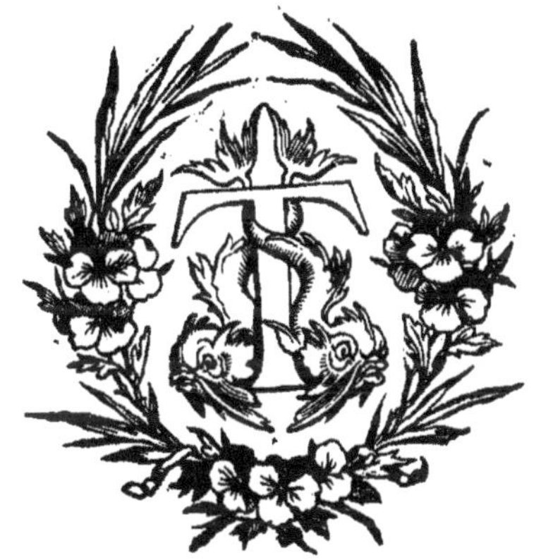

# PARIS

## CHEZ J. TECHENER, LIBRAIRE

RUE DE L'ARBRE-SEC, 52, AU PREMIER.

—

**1864**

# CATALOGUE
# DE LIVRES

## SUR LES BEAUX-ARTS.

## ARTS ET BEAUX-ARTS.

###### ARTS DIVERS.

1. Essay d'un dictionnaire contenant la connaissance du monde, des sciences universelles, etc. *Wesel,* in-4, 1700; v. br. front. et pl.

   Recueil d'emblèmes, avec explications en prose et en vers.

2. Art de la verrerie, de Neri, Merret et Kunckel, traduit de l'allemand par W. D***. *Paris,* 1752; in-4, v. marb.

3. Recueil de plusieurs machines de nouvelle invention, ouvrage [ ] .me de Perrault. *Paris,* 1700; in-4, v. br.

   Vignettes et grandes planches relatives à l'invention de machines qui élèvent l'eau sans frottement.

4. La Manière universelle de M. Desargues, Lyonnois, pour poser l'essieu et placer les heures et autres choses aux cadrans au soleil, par A. Bosse. *Paris,* 1643; in-8, fig. vél.

   Joli exemplaire d'un petit volume orné de 69 planches gravées par Abr. Bosse.

5. Du Monopole qui s'établit dans les arts industriels et le commerce, par J.-N. Bidaut. *Paris,* 1827; in-8, d.-rel.

6. Rapport sur la lithographie et particulièrement sur un recueil de dessins lithographiés, par Engelmann. *Paris, s. d. ;* br. in-4.

7. Le Blanc. Recueil des machines, instruments et appareils qui servent à l'économie rurale. Livraisons 1 à 8. 8 livraisons gr. in-f° oblong.

8. Notice sur la manufacture nationale de tapisseries des Gobelins, par Guillaumot. *Paris,* an VIII; in-12, broché.

BEAUX-ARTS; GÉNÉRALITÉS; BIOGRAPHIE ARTISTIQUE.

9. Dictionnaire des beaux-arts, par A.-L. Millin. *Paris,* 1806; 3 vol. in-8, d.-rel. NON ROGNÉ.

10. Essai d'une histoire des révolutions arrivées dans les sciences et les beaux-arts, par P.-G. de Roujoux, sous-préfet de Dôle. *Paris,* 1811; 2 vol. in 8, br.

11. OEuvres diverses concernant les arts, par Falconet. *Paris,* 1787; 3 vol. in-8, br.

12. Abrégé de la vie des peintres, avec des réflexions sur leurs ouvrages, par M. de Piles. *Amsterdam, Leipzig et Paris,* 1767; pet. in-8, br. fig. gr.

13. SERIE DEGLI UOMINI più illustri nella pittura, scultura, ed architectura. *Fiorenza,* 1769-75; 12 vol. in-4, vélin.

Très-bel exempl. d'une collection importante devenue rare et enrichie de 3oo portraits.

On y a ajouté l'*Abecedario pittorico* de Orlandi, continué jusqu'en 1776 par F. Fuga; 2 part. in-4° reliées uniformément en vélin.

14. Vies des artistes anciens et modernes (architectes, sculpteurs, peintres, verriers, etc.), par Eméric David, réunies et publiées par M. P. Lacroix. *Paris,* 1853; 1 vol. in-12, d.-rel. v. fauve. (*Elég. reliure.*)

Excellent, comme tous les travaux du savant Emeric David.

15. Notices historiques sur des peintres de diverses écoles. 18 feuillets in-f°.

16. Abrégé de la vie des peintres, avec des réflexions sur leurs ouvrages, par de Piles. *Paris,* 1715; in-12, v. jasp. front. gravé de Coypel.

17. Vita di Benvenuto Cellini da lui medesimo scritta. *Colonia* (1728); gr. in-4, br. non rogné.

Édition originale, imprimée à Naples par les soins d'Ant. Cocchi; on y trouve une notice sur le testament de Benvenuto Cellini, les honneurs funèbres rendus à sa mémoire, etc.

18. Nouveau Théâtre des peintres (en holl.), par J. Van Gool. *Gravenhage,* 1750; 2 vol, in-8, vél.

Très-bel exemplaire d'un ouvrage recherché à cause des remarquables figures et portraits de Houbraken dont il est orné.

19. Vies des peintres flamands, hollandais, par Karel Van Mander, publ. par Jac. de Jongh. *Amsterd.,* 1764; 2 vol. in-8, veau marb.

Les planches, qui sont remarquablement gravées, présentent les portraits des peintres à différents âges. C'est un recueil intéressant et rare.

20. Galerie des peintres, pub. par Chabert. Suite de 18 épreuves gr. in-f°, d'après les dessins de Fragossard, Vandael, Van den Velde, Angélica Kauffmann, Mignard, Fr. Bassan, etc., etc. Ces épreuves sont sur papier de Chine, ou imprimées à deux teintes.

DESSINS; ÉTUDES POUR LES GRAVURES ET ESTAMPES.

21. Traité élémentaire et pratique du dessin et de la peinture, par L. Libert. *Paris,* 1821; in-12, d.-rel. pl. col.

22. Traité de perspective, où sont contenus les fondements de la peinture, par le R. P. Bernard Lamy. *Amst.,* 1734; in-12, fig. v. m.

23. Essai de perspective, par G. J. Gravesande. *A la Haye,* 1711. — Usage de la chambre obscure pour le dessin. *S. l. n. d.;* pet. in-8, v. br. fil.

24. L'Art de dessiner proprement les plans, profils, élévations géométrales et perspectives, soit

d'architecture militaire ou civile. *Paris*, 1697; in-12, v. br. pl.

25. Pratique de la géométrie sur le papier et sur le terrain, par Le Clerc. *Paris*, 1669; in-12, fig. mar. viol. fil. comp. tr. dor.

A propos de figures géométriques, ce volume est orné, comme on sait, de petites figures dessinées et gravées à l'eau-forte par Sébast. Leclerc.

26. Dix-huit dessins de Guercino da Cinto, gravés en fac-simile par Bartsch. 1805; in-fol. cart.

Beau recueil devenu rare.

27. Six Dessins avec application d'étoffes; homme et femme en costume russe; trois pièces représentant cinq personnages, siècle de Louis XV, une momie, imprimée sur soie. Ensemble 6 pièces.

28. Redouté, livraison des Roses, contenant 6 superbes épreuves in-fol. jésus vélin, coloriées.

29. Un charmant Paysage, dessin à la mine de plomb, par W. Huber, 1817.

30. Dessins de différents genres, de format in-fol.

31. Mémoire sur l'art du lithographe, par MM. A. Chevalier et Langlumé. *Paris*, 1828; in-8, br. avec pl.

On y a joint un rapport très-intéressant, par M. Engelmann, sur un recueil de dessins lithographiés.

32. Indicazione delle sculture del palazzo Giustiniani, compilata da Filippo Aurelio Visconti. *Roma*, 1811; br. in-4.

33. MAVELOT. Recueil de cartouches, écussons, supports et ornements pour les dessinateurs et graveurs; 46 pièces.

34. Due Trattati di Benvenuto Cellini (della proficeria della scultura). *In Firenze*, 1731; in-4, br.

GRAVURES; LIVRES A FIGURES.

35. Dictionnaires des monogrammes, chiffres, etc., des peintres et graveurs pour l'usage manuel, par Stelwag. *Francfurt*, 1830; gr. in-8, br. pl.

36. Dictionnaire iconologique, ou Introduction à la connoissance des peintures, sculptures, médailles, estampes, etc., avec des prescriptions tirées des poëtes anciens et modernes, par (Lacombe de Prézel). *Paris*, 1756; in-12, v. éc. joli front.

37. Notice sur les graveurs qui nous ont laissé des estampes marquées de monogrammes, chiffres, rébus, etc., par l'abbé Baverel et Malpez. *Besançon*, 1807; 2 vol. in-8, d.-rel. mar.

38. Debruge Duménil. Son Catalogue des objets d'art, vendus à Paris en février 1849; gr. in-8, br.

La plus importante, peut-être, des collections vendues récemment à Paris. Ce catalogue descriptif est accompagné de planches.

39. Catalogue raisonné de toutes les estampes qui forment l'œuvre de Rembrandt et des principales pièces de ses élèves, composé par Gersaint, Helle, Glomy et P. Yver. Nouv. éd. corrigée et augmentée par le chev. de Claussin. *Paris*, 1824; in-8, br.

---

40. ANT. TEMPESTA. Vita et miracula D. Bernardi, Clarevallensis abbati. *Impensis Marcelli Clodii incidebatur, Romæ*, 1587; gr. in-fol. vél.

Très-belles épreuves des 56 estampes, habilement gravées d'après les dessins d'Antonius Tempesta, dont se compose ce volume.

41. Illustrium Imagines ex antiquis marmoribus, numismatib. et gemmis expressæ quæ extant Romæ. *Antverpiæ*, 1598; in-4, vélin.

Ce recueil se compose de 149 pl. gravées, non compris le frontispice.

42. Tempesta (*Antonio*). Chevaux et batailles, 65 estampes à l'eau-forte, en un recueil in-4 obl.; belles épreuves.

**43.** CRISPIN DE PASSE. Jardin des fleurs;... la manière et façon qu'on les pourra dépeindre et enluminer en leurs propres et nayfues couleurs, pour le service et commodite des curieux amateurs des fleurs. 1614; in-4 obl. vél.

105 estampes finement gravées sur cuivre, avec un texte explicatif.

**44.** REMBRANDT (d'après). Histoire de Joseph, accompagnée de dix figures relatives aux principaux événements de sa vie, et gravées sur les modèles de Rembrandt, par le comte de Caylus. *Amsterdam*, 1758; in-fol. cart.

Ces estampes sont curieuses et d'une belle exécution.

**45.** Collaert. Suite de quatre Estampes, sur deux feuilles, représentant les 4 âges du monde, dessinées par Tobie Verhaecht. (*Belles épreuves.*)

**46.** Vie de l'enfant prodigue; pet. in-8 oblong, d.-rel.

Charmante suite de 12 eaux-fortes, sur chine, finement gravées par Duplessis-Bertaux.

**47.** Danse des morts, d'après les événements politiques de 1848, dessinée par Alfred Kethel. *Leipzig*. In-fol. obl. (six pl.)

**48.** Danse des morts; pl. et estampes curieuses et relatives à la danse des morts.

**49.** Danse des morts; compositions et gravures de Merhel et Flegel. *Leipzig*, 1850; br. in-4, br. (*Curieux.*)

**50.** Catalogue d'estampes anciennes et modernes, et de livres à figures du chevalier de Karcher, par Duchesne aîné; suivi d'une notice de tabatières précieuses, par Ch. Paillet. *Paris*, 1824; in-8, br.

COSTUMES ET PORTRAITS.

**51.** Racconti e pitture di costumi di Davide Bertolotti. *Napoli, per Gaetano Nobile*, 1836, in-12, cart.

52. Recueil de costumes (jeu de cartes) dessinés et
gravés à l'eau-forte par Della Bella; 94 planches
en 1 vol. pet. in-8, v. m.

Très-jolie suite, à toutes marges.

53. Tableau de Paris, collection de 96 eaux-fortes,
par Duncker. *Yverdon*, 1787; 1 vol. d.-rel. avec
explicat. imprimée.

Jolies gravures de costumes, de scènes d'intérieur de la vie de Paris, etc.

54. Un lot de figures, costumes hist. de France,
de divers formats; en tous genres, vues, portraits,
monuments, etc., etc. 110 pièces.

55. Relation de la feste de Versailles du 18 juillet
1668 (donnée par le roi Louis XIV, avec le nom
des seigneurs et dames de la cour qui y prirent
part). *Paris*, 1679; in-fol. v. brun, planches gravées par Le Pautre.

56. Empereurs turcs, suite de 20 portraits, 19 figures pour l'histoire de Turquie. Ensemble
39 pièces et quelques deffets de texte.

Dont le Plan de la ville de Constantinople et du Bosphore, gravé par Jas-
par Isaac. — L'armée turque à la bataille de Lepante, gravure sur bois curieuse.

57. Six Portraits de Cicéron, divers formats, dont
celui in-fol. d'après le dessin de Vauthier, gravé
par Mécou.

58. Portrait de Louis XIV : 1° par Mignard, gravé
par A. Tardieu, in-8; 2° Rigaud, gravé par Nar-
geot, in-4; 3° H. Rigault, gravé par Thomassin,
in-4; 4° le portrait en pied par Mariette, in-fol.
Ensemble 4 belles pièces.

59. Portraits : Vendéens et autres du parti royaliste;
26 pièces gr. in-8.

60. Clergé; 17 portraits, évêques, cardinaux, papes,
avec fac-simile de leur signature; gr. in-8.

61. Suite de 11 portraits gr. in-8. MINISTRES :
Sully, cardinal Richelieu, Colbert, Mazarin, duc

d'Aiguillon, duc de Richelieu, Richelieu, Polignac, Peyronnet, Decazes.

**62.** Suite de 119 portraits des rois et reines de France de la 1<sup>re</sup>, 2<sup>e</sup> et 3<sup>e</sup> race, avec trois frontispices, ensemble 130 lithographies gr. in-8 de Delpech, avec fac-simile de la plupart de leur signature.

**63.** Famille royale, branches aînée et cadette.

25 portraits gr. in-8°, avec fac-simile de leur signature.

**64.** Portraits; in-8, in-4 et in-fol. Destouches, dess. par Devéria, grav. par Cazenave; De la Chaussée, dess. par Devéria, grav. par Bouvoisin; Saurin, dess. par Devéria, grav. par Croutelle; Rotrou, dess. par Méhu, grav. par Ethiou; Cuvier, grav. par Massard; Scarron, grav. par J. Adam; Martini, Madame de Pompadour, Madame Geoffrin, grav. par Jeanneret; Bossuet, peint par H. Rigaud, grav. par Podretti, Carlin Bertinazzi; Washington, grav. par Chevillet; Charlotte-Elisabeth de Bavière, peint par H. Rigaud, grav. par Guibert. Ensemble 14 pièces.

**65.** Gouvernement révolutionnaire. Portraits des députés à l'Assemblée nationale, à la Convention, ministres, agents, etc. 115 pièces gr. in-8, avec fac-simile de leur signature.

**66.** Académiciens, savants, poëtes, hommes de lettres, médecins, etc. 64 pièces gr. in-8 et fac-simile de leur signature.

**67.** Avocats, jurisconsultes; 17 pièces grand in-8, avec fac-simile de leur signature.

**68.** Artistes, de format gr. in-8; 5 pièces avec fac-simile de leur signature.

**69.** Femmes célèbres de la Révolution; 14 pièces avec fac-simile de leur signature.

70. Suite de 31 portraits gr. in-8, maréchaux de France et maréchaux de l'Empire, avec fac-simile de leur signature.

71. Maréchaux de France et de l'Empire; 29 pièces grand in-8, avec fac-simile de leur signature.

72. Généraux de la Révolution et de l'Empire; 34 pièces grand in-8, avec fac-simile de leur signature.

73. Famille Bonaparte; 21 pièces grand in-8, avec les fac-simile de leur signature.

74. Souverains étrangers; 17 pièces grand in-8.

ESTAMPES EN FEUILLES ET VIGNETTES POUR L'ILLUSTRATION DES LIVRES.

75. Anciennes Estampes, trois pièces. (Aug. Carrache, le Maistre au dé.)

76. Ph. Galle. Les Vertus, suite de six superbes estampes : la Sagesse, la Justice, la Force, la Foi, la Charité. Se trouve au bas de chacune un paysage charmant, site de Hollande.

77. Adr. Collaert, Philippe Galle. Vingt estampes d'après les dessins de Martin de Vos, 1587; belles épreuves.

78. Gravures anciennes : Hercule, grav. par H. Goltzius, 1617, in-fol.; Apollon, grav. par H. Goltzius, 1617, in-fol.; Combat de Turcs, dess. et grav. par Ph. Rugendas, et trois autres belles gravures. Ensemble 5 pièces.

79. Collaert et Sadolor. Saint Augustin, saint Ambroise, saint Jérôme et saint Marc; 4 magnifiques épreuves dessinées par Th. Bernard.

80. Suite de 4 belles estampes dess. par Martin de Vos, grav. par Ph. Galle, représentant la Foi, la Justice, la Sagesse et la Charité.

81. Abr. Bosse. Suite de 19 figures in-4 pour l'Ariane de Desmaretz.

82. L'Offrande à Priape, photographie d'après Watteau.

83. Livre de vases, dess. par le chev. Stella, grav. par Françoise Bouzonnet, 1667; cahier de 18 planches in-fol.

84. Cahier d'ornements des *parterres* des jardins; 23 planches in-fol. avec texte en hollandais. *Leyde*, 1720, in-fol. br.

85. Sébast. Leclerc. Trois jolies estampes : 1° Forteresse de Montmélian, 2° Elie enlevé dans un char (chute du Niagara), 3° et un sujet tiré des Métamorphoses d'Ovide.

86. Estampes : Léonard de Vincy mourant, grav. par Garreau; Paysage, dess. et grav. par Loutherbourg; Paysage anglais, dess. par Hearne, gravé par W. Ellis; portraits, etc. Ensemble 10 pièces.

87. Plan du monastère Saint-Sever, 1678; 1 feuille gr. in-fol. Plan de l'abbaye de Sainte-Croix, à Bordeaux; 1 feuille gr. in-fol. Ensemble 2 pièces.

88. Souvenirs d'un voyage dans le midi de la France, dess. d'après nature par Chapuy; 2 cahiers in-fol. Ensemble 24 planches lithog. de Lemercier.

89. Voyage pittoresque autour du lac de Genève. Paris, 1823; 1 vol. in-fol. avec onze vues lithographiées par Engelmann, imprimées sur pap. de Chine.

Manq. la Carte routière annoncée sur le titre.

90. Suite de 24 vues maritimes publ. à Londres en 1806, dess. par Dom. Serres, grav. par J. Clark et J. Hamble.

24 planches in-folio coloriées.

91. Vues de Londres, dess. et grav. par R. Havell; 12 estampes in-fol. coloriées et une autre estampe aussi anglaise. Ensemble, 13 pièces.

92. Un mois en Suisse, souvenirs d'un voyageur, suite de 40 lithographies d'après nature par Pingret, in-fol., imprimées sur papier de Chine, quelques-unes sur papier ordinaire.

Plus quelques feuilles du texte.

93. Jardins anglo-chinois; 2 cahiers in-fol. oblong, l'un de 23 planches, l'autre de 27; 50 planches dess. par André et grav. par Lerouge, 1779.

94. La Captive de Blaye, relation détaillée de l'arrestation de S. A. R. Madame, duchesse de Berri. *Paris*, 1833; gr. in-4 avec 12 lithog.

Manq. la 8ᵉ et la 9ᵉ.

95. Souvenirs de Léopold Robert; 3 belles lithographies in-fol. sur papier de Chine. *Paris*, 1831.

96. Charlet. Trois lithographies.

97. Estampes gravées et lithographiées : Revue de Napoléon Iᵉʳ, monuments, paysages, etc. Ensemble 10 pièces.

98. Vues d'optique; 10 pièces coloriées.

99. Suite de 6 jolies Vignettes, dess. par Jaime, lithog. par Delpech, 1828; 6 pièces in-4.

100. Croquis de N. Diaz; 4 feuillets in-fol. représentant 14 sujets, lithog. de Bichebois.

101. Views of the Great Falls of Niagara. *London* (*sans date*); in-fol. oblong, sur papier de Chine.

Suite de cinq vues d'après nature dessinées par Vivian et Baynes.

102. Souvenirs du théâtre anglais à Paris. 1827; 1 vol. grand in-fol.

Texte par Moreau et 10 superbes estampes, sur chine ou à deux teintes, d'après les dessins de Devéria et Boulanger.

103. Alken. Sports. Stage. Coach. 3 pièces en couleur.

104. 12 portraits de divers personnages, in-8 et in-4.

105. Illustrations de la Bible. Cinq vignettes anglaises in-fol. dessinées par R. Westall, gravées par

Ch. Heath. Trois magnifiques vignettes françaises in-fol. dessinées par Monsiau et Le Barbier aîné, gravées par P. Baquoy, Thomas. Ensemble 8 pièces.

106. Suite de onze figures in-fol. pour Alaric ou Rome vaincue, dessinées et gravées par F. Chauveau.

107. Télémaque dans l'île de Calypso, dessiné et gravé par J. Beauvarlet, d'après le tableau de S. Raoux.

Superbe épreuve.

108. Suite de six vignettes in-4 pour les Contes de la Fontaine, lithographies d'Ardit, dessinées par Devéria.

109. Suite de onze vignettes et portrait in-8, avant la lettre, sur papier de Chine, pour les OEuvres de Crébillon.

110. Illustrations of Shakspeare, by B. Smirke. *London*, 1822; 4 cah. in-fol.

Suite de 24 superbes vignettes sur pap. de Chine. Lettre grise ; d'après les dessins de Robert Smirke, gravées par Watt, Fluden, J. Mitchell, Ch. Heath, C. Rolls, etc., etc.

111. Lord Byron. Trois lithographies dessinées par Géricault et Eug. Lami (Mazeppa, Parisina et la Fiancée d'Abydos).

HISTOIRE DE LA PEINTURE; GALERIE, etc.

112. Histoire universelle, traitée relativement aux arts de peindre et de sculpter, ou tableaux de l'histoire, par Dandré Bardon. *Paris*, 1769; 2 vol. in-12, d.-rel.

113. L'École d'Uranie, ou l'Art de la peinture, traduit du latin d'Alph. Dufresnoy et de l'abbé de Marsy, avec des remarques, par De Querlon. *Paris*, 1753; pet. in-8, v. marb.

114. Essai sur la peinture et sur l'Académie de France établie à Rome par Algarotti, trad. de

l'italien par Pingeron, ingénieur au service de Pologne. *Paris*, 1769; in-12, v. marbr.

115. Notices historiques sur les anciennes Académies royales de peinture, sculpture de Paris, et celle d'architecture, suivies de deux écrits qui ont déjà été publiés, par Deseine. *Paris*, 1814; in-8, br. — Réclamation de plusieurs artistes au roi. *S. l. n. d.;* in-8, br.

116. Extrait des différents ouvrages publiés sur la vie des peintres, par M. P. D. L. F. (Papillon de la Ferté). *Paris*, 1776; 2 vol. in-8, v. rac. fig. de Moreau jeune.

117. Essai sur l'histoire de la peinture en Italie, depuis les temps les plus anciens jusqu'à nos jours, par le comte Orloff. *Paris et Londres*, 1823; 2 vol. in-8, cart. en toile, n. rog.

118. Traité de miniature pour apprendre aisément à peindre sans maître (par Ch. Ballard). *Paris*, 1678; in-8, v. br.

119. Les Premiers Éléments de la peinture pratique, par M. de Piles. *Paris*, 1684; in-12, v. br. fig. par Séb. Le Clerc.

120. L'École de la miniature, avec le secret de peindre sans maître, de faire l'or bruni, l'or coquille. *Paris*, 1766; in-12, cart. non rog.

121. Manière de bien juger des ouvrages de peinture, par feu l'abbé Laugier (publié avec des notes, par Cochin). *Paris*, 1771; pet. in-8, v. marb.

122. OEuvres de Mengs, premier peintre du roi d'Espagne et du roi de Pologne (trad. par Duray de Longrais). 1782; in-8, br. port.

123. Recueil des ouvrages de peinture, sculpture, architecture, etc., exposés au Musée Napoléon, publié par Landon. *Paris*, 1810; in-8, cart. n. rogn. 45 planches au trait.

**124.** Traité complet de la peinture, par Palliot de Montabert. *Paris*, 1829; 9 vol. in-8, brochés et 1 vol. in-4 de planches.

Ouvrage important et estimé.

**125.** Dissertation sur les ouvrages des plus fameux peintres, avec la vie de Rubens et le catalogue de ses tableaux (par de Piles). *Paris*, 1681; in-12, v. marb.

**126.** Cours de peinture par principes, composé par M. de Piles. *Paris*, 1708; in-8, v. marb. pl.

**127.** Traité de la peinture en miniature, auquel on ajoute un petit traité de peinture au pastel, avec la méthode de composer les pastels. *La Haye*, 1708; in-12, v. br., frontispice gr. par de Coster.

**128.** La cire alliée avec l'huile, ou la Peinture à l'huile-cire trouvée à Manheim par Ch. Baron, expérimentée et décrite par J. Fratrel. *Manheim*, 1770; 1 vol. in-8, cart. n. rog.

**129.** Essai sur la peinture en mosaïque (par Le Vieil, vitrier), avec une Dissertation sur la pierre spéculaire des anciens. *Paris*, 1768; in-12, v. marb.

**130.** Essai sur la peinture en mosaïque, par M. Le J***, ensemble une Dissertation sur la pierre spéculaire des anciens (pour fermer les fenêtres), par le même. *Paris, chez Vente,* 1768; in-12, v. marb.

**131.** Recueil de divers ouvrages sur la peinture et le coloris, par de Piles. *Paris,* 1755; in-12, v. marb.

Recherches curieuses et détails intéressants qui ne se retrouvent pas dans les ouvrages imprimés depuis sur les mêmes matières.

**132.** Varie Pitture a fresco de' principali maestri Veneziani. *Venezia*, 1760; in-fol. d.-rel. non rogné.

Suite de vingt-quatre planches dessinées et gravées par Zanetti; d'après Paul Véronèse, le Titien, le Tintoret, etc.

**133.** Notice sur sept esquisses de Rubens représentant la vie d'Achille, par Collot. *S. l. n. d.;* in-4, br.

134. Réflexions sur l'art de la peinture considérée comme peinture héroïque, par M. Armand de Bacenne. *Paris*, 1808; in-12, cart.

135. Notice sur 22 grandes miniatures ou tableaux en couleur réunis en tête d'un ms. du xv$^e$ siècle, par G. Peignot. *Dijon*, 1832; br. in-8.

Tirée à 100 exemplaires, elle est devenue rare.

136. Revue des ouvrages de peinture, sculpture, etc., des artistes vivans du salon de 1824, par P. A. V. *Paris*, 1825; br. in-8 de 26 p.

137. Notice sur les peintures à fresque exécutées à Saint-Sulpice dans la chapelle de Saint-Maurice, par Aug. Vinchon. *Paris*, 1822; in-8, cart.

138. Notice des tableaux exposés dans le Musée royal, rédigée sur l'ouvrage en allemand de M. Waagen, par J. Dielitz. *Berlin*, 1838; in-12, cart.

139. (Histoire et catalogue de la) Galerie impériale et royale de Florence. *Florence*, 1826; in-12, planches, br. (*Notes et addit. manuscrites.*)

140. Description du nouveau bras du Musée au Vatican. *Rome*, 1844; in-12, br.

C'est au pape Pie VII que l'on doit cette belle partie du musée Chiaramonti, connue sous le nom du *Nouveau Bras*. On y a joint les catalogues du *musée Chiaramonti*, du *musée Pie-Clémentin*, de la *galerie des Tapisseries*, de la *galerie des Tableaux au Vatican*.

141. Catalogue des tableaux de la galerie de feu S. A. R. Mgr le prince Eugène, duc de Leuchtenberg à Munich. *Munich*, 1830; in-18, br.

142. Description des tableaux faisant partie des collections du comte Pourtalès-Gorgier, par J.-J. Dubois. *Paris*, 1841; in-8, cart.

N'a pas été mis dans le commerce.

143. Catalogue de tableaux anciens, statues, marbres et haute curiosité composant la galerie de M. Aguado, marquis de las Marismas. *Paris*, 1843; in-8, br. — Catalogue d'une belle collection de tableaux, objets d'art et de curiosité, comp. la

collect. de Forbin-Janson. *Paris*, 1849; in 8, br.
— Catalogue d'une belle collection d'objets d'art
et de haute curiosité, tels que antiquités égyptiennes, etc., composant le cabinet du baron
Brunet-Denon. *Paris*, 1846; in-8, br.

ARCHITECTURE; MONUMENTS D'ARCHITECTURE.

144. Vies des architectes anciens et modernes qui
se sont rendus célèbres chez les différentes na-
tions, trad. de l'italien et enrichies de notes historiques par Pingeron. *Paris*, 1771; 2 vol. in-12,
v. éc.

145. Essai sur l'architecture (par Laugier). *Paris*,
1753; in-12, v. m.

146. L'Architecture françoise des bastimens parti-
culiers, par Louis Savot; augmentée en ceste seconde édition de plusieurs figures et de notes de
M. Blondel. *Paris*, 1673; in-8, fig. v. br.

147. De l'Architecture, par Sobry. *Amst., Couturier*,
1776; in-8, br.

148. Abrégé des dix livres d'architecture de Vitruve
(par Perrault). *Paris*, 1674; in-12, v. br. fig. de
Sébast. Leclerc.

149. Temples anciens et modernes, ou Observations
historiques et critiques sur les plus célèbres mo-
numens d'architecture grecque et gothique (par
L. May). *Londres et Paris*, 1774; in-8, br.

150. Traité théorique et pratique de l'art de bâtir,
par Jean Rondelet (introduction). *Paris*, 1830;
in-4, br. fig.

151. Recherches sur la préparation que les Romains
donnoient à la chaux dont ils se servoient pour
leurs constructions, par de La Faye. *Paris*, 1777;
in-8, d.-rel.

On a relié dans le même vol : Mémoire pour servir de suite aux recherches, etc., par de La Faye, 1778. — Détail de la composition d'un ciment

composé par M. d'Etienne (manuscrit inédit), 18 p. — Recherches sur la pouzzolane, sur la théorie de la chaux et sur la cause de la dureté du mortier, par Faujas de Saint-Fond. *Grenoble* et *Paris*, 1778. Curieux recueil.

152. Mémoire pour servir de suite aux recherches sur la préparation que les Romains donnoient à la chaux, par M. de La Faye. *Paris*, 1778, in-8, broché.

153. Règles des cinq ordres d'architecture de J. Barozzio de Vignole, avec des augmentations de Michel-Ange Buonaroti, nouvelle édition, revue par Dury de Champdore. *Leide*, 1712; pet. in-8, v. brun, pl. gravées.

154. Cheminée économique à laquelle on a adapté la mécanique de Francklin, par Fossé. *Paris et Nancy*, 1786; in-8, br. planches.

155. SCHAYES. Histoire de l'architecture en Belgique, 1845; 2 tom. in-8, br. avec gravures sur bois.
Ouvrage estimé.

156. Rénovation du style gothique, par de la Quérière. *S. l. (Rouen)*, 1847; br. gr. in-8. (*Tiré à petit nombre.*)

157. Architecture militaire au moyen âge (par P. Mérimée et A. Lenoir). 1843; in-4 de 85 pag. br. vig. sur bois.

158. Nouvelle Construction de cheminée, qui garantit du feu et de la fumée, à l'épreuve des vents, du soleil et de la pluie, et des autres causes qui font fumer les cheminées ordinaires, par Genneté. *Paris*, 1759; in-12, br. non rog. fig.

159. Examen d'un essai sur l'architecture (par de Lafont de Saint-Yenne). *Paris*, 1753; in-12, v. mar. pl.

160. Caminologie, ou Traité des cheminées, par Pierre Hebrard. *Dijon*, 1756; in-8, cart., 21 planches.
Avec les moyens pour empêcher *les cheminées de fumer.*

**161.** Théorie de l'architecture ogivale à l'usage des archéologues, des architectes et des ingénieurs, par E. Solvyns. *Paris et Bruxelles*, 1846; br. in-8, gr. planches.

**162.** ANDROUET DU CERCEAU. Livre des édifices antiques romains, contenant les ordonnances des plus signalez et principaux bastiments qui se trouvoient à Rome du temps qu'elle étoit en sa plus grande fleur. *Paris*, 1584; in-fol. d.-rel.

Rare et curieux volume, contenant 97 planches. Quelques taches.

**163.** Sept Vues de Châteaux-Parcs, dessinées et gravées par S. Marot, Perelle, Mariette. 7 planches pet. in-f° oblong.

**164.** Sur d'anciennes Constructions en bois sculpté de l'intérieur de la Norwége, par Pierre-Victor. *Paris*, 1842; br. gr. in-8 av. pl.

**165.** Recueil historique de la vie et des ouvrages des plus célèbres architectes (par Félibien). *Paris*, 1687; in-4, v. br.

**166.** Arte y uso de arquitectura, con el primer libro de Euclides traducido en castellano, compuesto por el P. Fray Lorenzo de S. Nicolas. *Madrid*, 1796; 2 vol. in-4, br. avec pl.

**167.** Von der fünf Ordnungen der seulen in der Bau-Kunst (des Cinq Ordres d'architecture). *Nurnberg, David Funcken, s. d.*; in-fol. front. 16 belles pl. grav. par Will. Pfann, cart.

**168.** Recueil factice d'estampes anciennes en un volume in-fol. relié en veau.

Contenant : *Habit d'architecte*, par N. de l'Armessin, en 1695. — L'architecture, grande estampe d'Eisen. — Cinq planches relatives au puits et au réservoir de Bicêtre, gravés par P. Tardieu. — 3 pl. relat. à la construction de l'hôtel de Craon à Paris, par Boffrand. — Façade du palais de la Malgrange, par Blondel. — Boîtes de pendules, consoles, chaires, panneaux, lambris, portes, croisées, etc., 18 pl. dessinées par F. Cornille. — Cartouches et écussons, 4 pl. dessinées et gravées par Babel, etc. Vignole, *Amsterd.*, 1619 (portr. avant la lettre).

**169.** Souvenirs historiques des résidences royales de France, par Vatout (Palais de Fontainebleau).

*Paris, F. Didot, s. d.*; in-8, dem.-rel. v. br.
(*Vogel.*)

Exemplaire non rogné, d'un livre bien imprimé et bien fait.

170. Moyens de préserver les édifices d'incendies et d'empêcher le progrès des flammes, par Peroux. *Strasbourg,* 1782; in-8, br. pl. gr.

171. Notice des monuments exposés dans la salle des antiquités américaines au Musée du Louvre, par A. de Longpérier. *Paris,* 1852; br. in-8.

172. Nuova Guida de Milano per gli amanti delle belle arti e delle sacre e profane antichità Milanesi, par Carlo Bianconi. *In Milano,* 1787; in-12, br. n. rogné.

173. Traité d'architecture pratique, contenant la manière de bâtir solidement, par Monroy. *Paris,* 1789; in-8, br. n. rogné.

174. Guéroult du Pas. Recueil de vues de tous les différents bâtiments français. *Paris,* 1710; in-4, v. br.

76 estampes à l'eau-forte habilement exécutées dans le genre d'Israël Silvestre.

175. Itinéraire instructif de Rome ancienne et moderne, ou Description générale des monuments anciens et modernes, et des ouvrages les plus remarquables en peinture, sculpture et architecture de cette ville célèbre et de ses environs, par le chev. Vasi, corrigée et augmentée par le même auteur. *Rome,* 1820; 2 vol. in-12, cart. avec pl.

176. Itinerario instruttivo di Roma e delle sue vicinanze, compilato già da Mariano Vasi, ora riveduto, corrotto, ed accresciuto secondo lo stato attuale dei monumenti, dal professore A. Nibby. *Roma,* 1824; 2 vol. in-8, avec grav. cart. (*Notes manuscrites.*)

177. Nouveau Guide, ou Description de Florence et ses environs; orné de 80 gravures, plan et cartes. *Florence,* 1842; in-12, cart.

178. Pitture, scolture ed architetture delle chiese, luoghi pubblici, palazzi, e case della città di Bologna, par Bianconi. *In Bologna*, 1782 ; in-12, cart.

179. Guida del forestiere per la città di Bologna. *Bologna*, 1820; in-12, cart. n. rogné, carte.

180. PERELLE. Paysages, marines, etc., dix-sept estampes dessinées et gravées par Perelle. Format pet. in-4 oblong. (*Belles épreuves.*)

181. Les Monuments de Rome, ou Descriptions des plus beaux ouvrages de peinture, de sculpture et d'architecture (par Raguenet). *Paris*, 1702 ; in-12, v. f.

182. Courtonne. Traité de perspective pratique, avec des remarques sur l'architecture. *Paris*, 1725; in-fol. veau f. (*Anc. rel.*)

Bel exemplaire, frontispice et 26 planches gravées par Scotin et Aveline.

183. Château de Gaillon, Plans et Dessins, par A. Deville. 16 planches gr. in-fol.

184. Album. 1 vol. grand in-fol. maroq. rouge, aux armes de France, de 44 feuillets, contenant 169 gravures anciennes.

Vues de Versailles, château, parcs, eaux, statues ; vues, plans, coupes, élévations de divers autres châteaux, peintures, bas-reliefs, médailles, armoiries, ornements, etc., etc.

185. Architecture, — Plans, Coupes et Élévations de Palais, Eglises, Maisons de plaisance, etc., etc., d'après les dessins d'Ixnard. 1791 ; 34 planch. grand in-folio.

186. Parallèle des plus anciennes peintures et sculptures antiques, par N. X. Willemin.

Trois livraisons contenant ensemble 18 planches in-folio coloriées.

187. Cahier d'ornements d'architecture. 8 belles lithographies in-fol. d'Engelmann.

188. Décorations d'architecture, *Menuiserie*. 12 pl. in-fol. gravées par Olivier, Normand fils et Thierry.

189. Théâtres. Paris : Opéra, Opéra-Comique, Odéon, Ambigu-Comique; Bordeaux : le Grand-Théâtre; Vérone : intérieur de la salle. Ensemble, 8 belles pièces.

190. Architecture civile. Plan, Coupe, Élévation et Ornements. 109 planches, d'après les dessins de Percier, Vaudoyer, Durand, Moreau, etc.

## ORNÉMENTS D'ARCHITECTURE, DÉCORATIONS : EXTÉRIEUR ET INTÉRIEUR.

191. DANIEL MAROT. Recueil de 12 planches gravées, représentant des vases de différentes formes, en un vol. pet. in-fol. cart.

192. Ornements. Cartouches, attributs et ornements divers, 12 planches en 1 vol. petit in-fol. cart.

193. HENRI SHAW. Specimens of tile pavements drawn from existing authorities. *London, Pickering*, 1858; in-fol. d.-rel. mar.

Belle publication contenant 47 planches très-bien exécutées et coloriées avec le plus grand soin.

194. Description des fêtes données à l'occasion du jour de naissance de S. A. Mgr le duc de Wurtemberg, par Uriot (son bibliothécaire). *Stougard*, 1764; in-8, broché, n. rogné.

Détails artistiques curieux qu'on n'irait pas chercher là et qui ne se trouvent pas ailleurs.

195. Essai d'explication d'un tableau astronomique peint au plafond du premier tombeau des rois de Thèbes, etc., par E. Jomard. Br. in-fol. pl.

196. OEuvre de la diversité des termes dont on use en architecture, par Hugues Sambin (architecteur), demeurant à Dijon. *Lyon, J. Durant*, 1572; pet. in-fol. d.-rel. mar.

Volume *rare*, orné de 36 belles figures en bois.

**197.** The Cabinet-Maker and Upholsterer's guide; by A. Heppelwhite, etc. *London, Taylor,* 1788; in-fol. 125 planch. grav. dem.-rel. veau fauve.

Rare et recherché. C'est un recueil très-remarquable, comprenant plus de 300 sujets grav. et représentant une série complète de *tous les objets nécessaires* pour meubler une habitation confortable et riche. Rien n'y est oublié. Les modèles en sont de bon goût et très-variés.

**198.** Guéroult du Pas. Marines. 8 estampes gravées à l'eau-forte dans le genre d'Israël Silvestre.

**199.** Le Thrésor des parterres de l'univers, par D. Loris. *Genève,* 1629; in-4, parch.

Collection variée et remarquab'e de dessins de parterres, jardins, labyrinthes, etc., d'une très-belle exécution. Rare.

**200.** Dessins et plans des jardins appartenant au maréchal de Biron à Paris, à M. de la Boissière à Paris, à madame la Maréchale de Lautrec; Pavillon de la marquise de Pompadour à Fontainebleau; de Chantilly, du jardin de l'hôtel de la Rochefoucauld à Paris, de madame la comtesse de Boufflers, de madame de Tessé, etc.; in-fol. obl. d.-rel.

**201.** Jardins à la mode, 1770; 27 planch. in-fol. oblong, dess. par André, grav. par Lerouge. (*Belles épreuves.*)

**202.** Mobilier de l'empereur Napoléon Ier; six pièces d'après les dessins de Prud'hon.

**203.** Collection de 96 feuillets contenant des cartouches de blasons gravés vers 1550 et imprimés à la même époque; in-fol. en part. non rog.

On trouvera difficilement une pareille collection.

### ARCHÉOLOGIE ARTISTIQUE.

**204.** Résumé complet d'archéologie, monuments d'architecture, de sculpture et de peinture, par Champollion Figeac. *Paris,* 1825; 2 vol. in-18, br. avec pl.

205. Introduction à l'étude des monuments antiques, par A.-L. Millin. *Paris*, 1796 ; br. in-8.

206. Analyse des styles architectoniques religieux, d'après MM. Libri et de Caumont, suivie d'une note sur les pierres tombales, par le chevalier de Cambrond. *Laval*, 1841 ; in-8, br.

207. Usages religieux, civils et domestiques des Grecs et des Romains. *Paris*, 1784 ; in-4, cart. n. rogn. 100 planch.

Extr. de l'ouv. intitulé : *Costume des anciens peuples à l'usage des artistes,* par Dandré Bardon.

208. Antiquités grecques, vases peints, fresques, pornographiques, orestéide, etc. 47.

Dessins originaux exécutés sous la direction de M. Raoul Rochette et annotés par lui.

209. Pompéi, Herculanum, suite de 34 planches ; personnages, monuments, peintures, statues, etc., dessinées et gravées par Renard, Berthault, Després, N. Sartini, Choffard, Paris, Queverdo, Varin, Staguon, etc.

210. Brochures (quatre) relatives aux découvertes modernes d'antiquités grecques et au Parthénon, par Meier, Penrose Esq., Böckh. In-4.

211. Catalogue d'antiquités égyptiennes, grecques et romaines, qui composent l'une des collections formées par feu Léon Dufourny, rédigé par L.-J.J. Dubois. *Paris*, 1819 ; in-8, br. portr.

212. Catalogue des statues en bronze exposées au Musée Bourbon, à Naples, par Gélas. *Naples*, 1820 ; br. in-8.

213. Catalogue raisonné et historique des antiquités découvertes en Égypte par J. Passalacqua, de Trieste. *Paris*, 1826 ; in-8 de 302 pag. br. fig.

214. Voyage en Italie de l'abbé Barthélemy, imprimé sur ses lettres originales écrites au comte de Caylus, avec un appendice où se trouvent des morceaux inédits de Winckelmann, du P. Jacquier,

de l'abbé Zarillo, publié par Sérieys. *Paris,* 1801;
in-8, d.-rel. planch.

215. Description de la clyptothèque de S. M.
Louis Ier, roi de Bavière, par L. de Klenze et L.
Schorn. *Munich,* 1842; in-12, br.

216. Notice d'une collection de vases antiques en
terre peinte, provenant des fouilles faites en
Étrurie par feu le prince de Canino. *Paris,* 1843;
in-8, br.

217. Di un Busto colossale in marmo di Caio Cil-
nio Mecenate scoperto e posseduto dal cavaliere
Piet. Manni. *Parigi,* 1837; gr. in-8, fig. cart.

Avec des lettres de Visconti, de L. Cicognara, de Missirini, de Raoul Rochette.

218. Pompéi, Herculanum et Stabiæ, les plus beaux
ornements et les tableaux les plus remarquables
dessinés sur les lieux, par G. Zahn, 1849; 2 cahiers in-fol. m. avec texte français et allemand.
Ensemble 20 planch.

219. Artaud. Description d'une mosaïque représentant des jeux du Cirque, découverte à Lyon, le
18 février 1806. *Lyon,* 1806; 1 cahier gr. in-fol.
avec la planch. de la mosaïque.

220. Rome ancienne : ruines, monuments, vues,
maisons, palais, églises, statues. *Rome,* 1638;
5 cahiers in-fol. oblong, contenant 144 planches.

221. Recueil des principales fontaines de la ville de
Rome. *Rome,* 1647; 1 cahier in-fol. obl. 22 ff. représentant 44 planch.

222. Recueil des obélisques de Rome; 9 ff. in-fol.
obl. 18 pl. in-4.

223. Antiquités, fresques, Pompéï, vases, etc.; 36
pièces coloriées de divers genres.

224. Planches séparées choisies dans le moyen âge
et la renaissance; in-4.

54 planches et 11 feuilles de texte. Ensemble 65 pièces.

**225.** Tombeaux de divers personnages, savoir : Mas-
séna, Casimir Delavigne, Aguado, etc. Dess. grav.
et lithograp. Ensemble 9 pièces.

Dont le Tombeau de J.-J. Rousseau, grande estampe gravée à l'eau-forte,
épreuve d'artiste.

**226.** Monuments, bas-reliefs, statues-camées et antiquités grecques et romaines ; diverses pièces de
Piranesi, de Vicar, etc. Collection de 42 planches
en tous genres et de divers formats.

**227.** Estampes : Monument funéraire de Henri IV,
dess. par F. Porbus, grav. par Née ; statue équestre
de Henri IV, dess. et grav. par P. Brissart.

**228.** Estampes lithographiées : statues, tableaux de
genre, paysages. Ensemble 11 pièces.

**229.** Galerie métallique des grands hommes français ; médailles dess. et grav. par Normand, 1825 ;
deux livraisons. Ensemble 20 portr.

**230.** Histoire des médailles, ou Introduction à la connoissance de cette science, par Ch. Patin. *Paris,*
1695 ; in-12, bas.

Joli portrait et frontispice gravés, nombreuses planches dans le texte.

**231.** Anciennes grav. de divers genres ; 32 pièces.

**232.** Vignettes anglaises, fig. et autres ; 20 pièces.

### VILLE DE PARIS ET ENVIRONS.

**233.** Plan de la ville de Paris, dressé géométrique-
ment d'après celui de La Grive, par Maire. *Paris,*
an XII ; in-8, cart. (25 *pl. gr.*)

**234.** Plan de Paris, avec détails historiques, par Ver-
nique et La Grive. *Paris,* 1819 ; in-4, cart.

**235.** Paris sous Louis XIII ; 2 vues, par Jean Sauvé
et Henr. Focken ; in-fol.

**236.** Paris ; description et plans à différentes époques, par de Fer, 1714 ; 16 pièces in-fol.

Série de plans représentant Paris à diverses époques, depuis Jules César
jusqu'à Louis XIV.

237. Israel Silvestre. Vue des Tuileries (perspective de la ville de Paris), 1650; format gr. in-fol. obl. (*Ancienne épreuve.*)

238. Vue du port Saint-Bernard, à Paris (sous Louis XV), dess. par Demachy, grav. par Descourtis; format gr. in-fol. obl.

Grande estampe en couleur, curieuse pour les costumes et l'exécution.

239. Paris; quatre vues de Paris en 1733, grav. par Milcent; format gr. in-fol. obl.

240. Description de la ville de Paris en ce qu'elle contient de plus remarquable, par Germain Brice, nouv. édit. enrichie de figures et de plan. *Paris,* 1752; 4 vol. in-12, v. m.

Bel exemplaire d'une bonne édition de ce livre curieux.

241. Le plus ancien plan de Paris exécuté en tapisserie, 1540; gravé par Caroline Naudet, 1818. Une feuille colomb.

242. Paris; plans et cartes de Paris et de ses environs, de diverses époques et formats. Ensemble 9 pièces.

243. Paris municipe, ou Tableau de l'administration de la ville de Paris, depuis les temps les plus reculés jusqu'à nos jours, par A. de Laborde. *Paris,* 1833; gr. in-8, br.

244. Manuel du voyageur à Paris, ou Paris ancien et moderne, par Villiers. *Paris,* 1809; in-18, br.

245. Essais historiques sur Paris, par M. Poulain de Saint-Foix. *Paris,* 1766; 5 vol. in-12, v. marb. portr. gr. (*Bel exempl.*)

246. Le Parlement de Paris, sa compétence et les ressources que l'érudition trouvera dans l'inventaire de ses archives (par le comte L. de Laborde, directeur général des archives de l'Empire). *Paris,* 1863; gr. in-4, br.

Tiré à petit nombre.

247. Description historique de Paris et de ses plus beaux monuments gravés en taille douce, par Martinet (avec un texte par Béguillet). *Paris*, 1779; 2 vol. in-4, v. fauv. fil. tr. dor.

Exemplaire en grand papier, jolies vignettes coloriées.

248. Histoire de la ville de Paris, composée par M. Felibien, et publiée par A. Lobineau. *Paris*, 1725; 5 vol. in-fol. d.-rel. nombr. planch. grav. se dépliant.

Ouvrage dont le prix augmente (avec raison) tous les ans.

249. Dictionnaire topographique, étymologique et historique des rues de Paris, par J. de La Tynna. *Paris*, 1812; in-8, rac. avec un plan de Paris.

Les livres comme celui-là deviennent plus curieux tous les jours.....

250. Paris sous Philippe le Bel, d'après des documents originaux, et notamment d'après un manuscrit publié par H. Géraud. *Paris*, 1837; in-4, broch.

251. Description des curiosités des églises de Paris et des environs, par Ant.-Martial Le Fevre. *Paris*, 1759; pet. in-8, v. marb.

252. De la Police de Paris, de ses abus et des réformes dont elle est susceptible, avec des documents anecdotiques et politiques, pour servir à l'histoire judiciaire de la Restauration, par A.-G. Claveau. *Paris*, 1831; 1 vol. in-8, br.

253. La Police de Paris dévoilée par P. Manuel. *Paris*, an II; 2 vol. in-8, br.

254. Notice historique comparée sur les aqueducs des anciens et la dérivation de la rivière d'Ourcq, par L. Petit-Radel. *Paris*, 1803; in-8, br.

Suivie de notes sur la géologie volcanique et la chorographie de quelques lieux célèbres des environs de Rome.

255. Rapport fait au directoire du département de Paris sur les travaux entrepris, continués ou ache-

vés au Panthéon français, par A. Quatremère. *Paris, s. d.;* in-8, br. n. rogné.

L'on a ajouté : Extrait du rapport sur le projet de transformer l'église Sainte-Geneviève en Panthéon, par Quatremère, 1792, br. in-8.

256. Notice sur la Sorbonne (par l'abbé de Foucaud). *Paris,* 1818; in-8, cart. n. rogné.

257. Le Pariséum, ou Tableau de Paris en l'an XII (1804), par Blanvillain. *Paris,* 1804; in-12, br. n. rog. (*Plan de Paris.*)

Ces anciens guides deviennent tous les jours de plus en plus curieux.

258. Description historique de la basilique métropolitaine de Paris et des curiosités de son trésor, par A. Gilbert. *Paris,* 1811; br. in-8.

259. Notre-Dame (cathédrale de). Frontispice de l'église cathédrale de Nostre-Dame. *Boisseau ex.;* perspectiue de N.-D. veüe de la place de la Greue, par Is. Siluestre; du quay de la Tournelle, par le même; l'église N.-D., par Perelle (chez N. Langlois); vue intérieure de N.-D., par J. Marot; chœur de l'église de N.-D., cinq pièces; portail d'après un dessin par G. de Saint-Aubin. Dix-sept pièces.

260. Paris. Églises, couvents, abbayes, architecture religieuse, 18 pièces.

261. Sainte Chapelle royale du bois de Vincennes (arrest du conseil du roy), sommation de messire Nicol. Héron, trésorier. 1699; 4 opuscules in-fol.

262. Paris. Estampes relatives à Notre-Dame, Saint-Sulpice, *Te Deum* chanté en 1660, etc.; 6 pièces.

263. Rapport adressé à M. le Ministre des travaux publics, sur l'isolement de la Sainte-Chapelle, en réponse à celui de MM. les architectes du palais de Justice, par Lassus. Petit in-4, br.

264. Notices sur l'hôtel de Cluny et sur le palais des Thermes, avec des notes sur la culture des arts, principalement dans les xv<sup>e</sup> et xvi<sup>e</sup> siècles (par M. Du Sommerard). *Paris,* 1834; in-8, br.

**265.** Cérémonies de la dédicace et consécration de l'église de Saint-Sulpice. *Paris*, 1745; in-4, cart. fig.

**266.** L'Église de la Tour Saint-Jacques-la-Boucherie, par Félix Fréville. *Paris*, 1856; br. in-8.

**267.** Paris. Tombeaux, mausolées, etc., 8 pièces.

**268.** Paris. Archéologie, monuments, églises, etc., 11 pièces par Jean Marot et autres.

**269.** Anciens hôtels et maisons particulières à Paris, 34 *planches*.

Maison de M. de Moras, rue de Varenne. — Hôtel de Choiseul, rue de Sèvres. — Hôtel d'Etampes, rue de Varenne. — Maison, rue de Cléry. — Maison située devant les Consuls. — Maison de M. Hasselin, dans l'île Notre-Dame. — Maison de M. Falconi, rue des Saints-Pères et sur le quai. — Elévation de la face et profils, plans, de l'hôtel de Mortemart. — Maison de M. Mansard, jeune, rue des Tournelles. — Hôtel de Maisoni, rue de l'Université. — Maison de M. Guillot, rue des Mauvaises-Paroles. — Hôtel de M. d'Emery.

**270.** Anciens hôtels à Paris, 21 planches.

Hôtel de Duras, rue du Roule, faubourg Saint-Honoré. — Hôtel d'Estrées, rue de Grenelle. — Hôtel d'Evreux, rue du Faubourg-Saint-Honoré. — Hôtel de Louvois, rue Richelieu. — Hôtel du Ludes, rue Saint-Dominique.

**271.** Anciens hôtels à Paris, 26 *planches*.

Hôtel de Condé. — Hôtel de Chevreuse, situé au faubourg Saint-Germain. — Hôtel du Maine, rue de Bourbon. — Hôtel de Noailles, rue Saint-Honoré. — Hôtel de Montbazon.

**272.** Anciens hôtels à Paris, 25 planches.

Hôtel Desmarets, rue Saint-Marc. — Maison de M. Chevalier, rue du Faubourg-Saint-Honoré. — Maison de M. Colbert, rue Croix-des-Petits-Champs. — Maisons de MM. Crozat aîné et Crozat jeune, rue de Richelieu et place Vendôme.

**273.** Ordonnances, statuts et règlements de la communauté des maîtres charrons-carrossiers de la ville de Paris, de 1498 à 1746; pet. in-12, v. m. (*Rare.*)

**274.** Maistres serruriers de Paris. Statuts, ordonnances et priviléges des syndic, jurés, bacheliers et maistres en l'art de serrurerie de la ville, fauxbourgs et banlieue de Paris. *Paris*, 1761; in-8, v. marb. (*Rare.*)

**275.** Figures des métiers, marchands, etc. *Amsterdam, s. d.;* in-4, v. brun.

Frontispice et 100 planches très-joliment gravés, représentant les métiers avec explication en anglais, hollandais et français. Recueil curieux et en bon état.

**276.** Règlements sur les arts et métiers de Paris,
rédigés au XIIIe siècle et connus sous le nom du
livre des métiers d'Et. Boileau, publiés par G.-B.
Depping. *Paris,* 1837; in-4, br.

**277.** Marchands de vin de Paris. Rapport sur les
jurandes et maîtrises, et sur un projet de statuts
et règlements, par Cordier et Vital Roux. *Paris,*
1805; in-4, d.-rel.

**278.** Les Trois Théâtres de Paris, avec un précis des
règlements et usages qui concernent chacun de
ces spectacles, par M. des Essarts. *Paris,* 1777;
in-8, d.-rel. non rogné. (*Curieux.*)

**279.** De la Défense de Paris, par le général baron
Thiébault. *Paris,* 1841; in-8, d.-rel.

A propos du projet des *Fortifications de Paris.*

**280.** La Place des Halles. La place Maubert, deux
estampes dessinées par Jeaurat, gravées par Alia-
met.

**281.** Le Théâtre et l'architecte, par Émile Trélat.
1860. — Les Eaux de Paris, par Victor Cassai-
gnes. 1862. — Eaux de Paris; réponse aux adver-
saires des projets de la ville de Paris, par Robinet.
*Paris,* 1862; 3 vol. br.

**282.** Entretiens sur l'état actuel de l'Opéra de Paris
(par Coqueau, architecte à Dijon). *Paris,* 1779;
in-8, br. (*Peu commun.*)

**283.** Paris. Deux vues, par Duplessis-Bertaux, 2 grandes pièces.

Deux estampes charmantes pour les costumes et l'exécution.

**284.** Paris. Scènes de la révolution de 1830, 4 pièces.

285. Paris. Embellissements de la ville; projets de monuments; plan, coupe et élévation, 37 planches gr. in-fol.

286. PARIS, HOPITAUX. Neuf estampes représentant divers hôpitaux de Paris, dessinées et gravées par *Sébastien Leclerc, Israël Silvestre, Mariette, S. Marot, Guéroult du Pas*, etc. (*Rares.*)

287. Nouveau Palais de justice d'après le plan de Perrard de Montreuil, architecte. *Paris,* 1775; pet. in-fol. cart. pl.

288. Mémoire sur le projet de restauration de Notre-D. de Paris, par MM. Lassus et Viollet Le Duc. *Paris,* 1843; in-4, d.-rel. pl.

On y a ajouté un rapport à la Chambre des pairs et des extraits du Bulletin des lois.

289. Dissertations sur les projets de coupoles de ia halle au blé de Paris, par Charles-François Viel. *Paris,* 1809, in-4, 172 pages, fig. br. (*Détails curieux.*)

290. Moyens pour la restauration des piliers du dôme du Panthéon françois, par Ch.-Fr. Viel. *Paris,* 1797; in-4, avec pl. br.

291. Ville de Paris. Budget, exercice 1860 et 1861; préfecture du département de la Seine et préfecture de police. 5 vol. in-fol. br.

292. Paris. Huit belles estampes gr. in-fol. représentant des fêtes, illuminations, feux d'artifice et grande assemblée pour la loterie, dessinées et gravées par Cochin fils, Le Pautre, Servandoni, Patte, Guérard, J. Rigaud.

293. Paris. Arcs de triomphe, portes et la Bastille, plan et vues, dessinés, dressés, gravés par Verniquel, Silvestre, J. Marot, Perelle, Mariette; ensemble 10 grav. in-8, in-4 et in-fol.

294. Colonne de la place Vendôme, *Napoléon en redingote grise,* gravé par Houiste; une feuille jésus.

295. Histoire de Montmartre, par Cheronnet, revue
et publiée par l'abbé Ottin. *Paris,* 1843; in-8,
d.-rel. mar. bl.

296. Nouvelle description des environs de Paris,
contenant les détails historiques et descriptifs des
maisons royales, par J.-A. Dulaure; 2 vol. in-12,
d.-rel. n. rogné.

297. Pièces concernant Paris. Vues, armoiries, vue
de la Bastille, maisons particulières, etc. 10 pièces.

298. Les Promenades des environs de Paris, en quatre cartes, avec un plan de Paris, précédées d'une
description abrégée et historique des lieux qu'elles
contiennent, par Robert de Vaugondy. *Paris,* 1761;
gr. in-8, vél. non rog.

299. Notice d'une statue égyptienne qui se voit à Saint-
Cloud, par le comte Visconti. *S. l. n. d.;* br. in-8, fig.

300. Description des grandes cascades de la maison
royale de Saint-Cloud (par Harcourt de Longe-
ville). *Paris,* 1706; in-12, br. planche.

301. Israel Silvestre. La Sorbonne à Paris, château
de Saint-Cloud, Chaillot; 6 pièces.

302. Estampes : Élévation du château de Madrid,
gravé par J. Marotte, 1677; Hôtel des Monnoies
à Paris; Vue de la magnifique salle de l'Hôtel-de-
Ville de Paris; le Pont de Notre-Dame, réparé,
gravé par J. Marot; le château de Chambord;
Vue du théâtre d'Eau, dans le jardin de Versailles, gravé par Simoneau, 1689; Incendie de
l'Opéra, 1763. Ensemble 7 pièces.

303. Paris : Plans; Vues du palais Mazarin; d'une
Maison Cloître Saint-Germain-l'Auxerrois; d'une
Maison de M. le présid. Tambonneau; Berceau de
l'hôtel de Condé, grav. J. Marot, et Procession de
la Ligue en 1593. Ensemble 7 pièces.

304. Vues du château de Vincennes; du jardin du
Palais-Cardinal; du château de Madrid; du Mail;
de Corbeil, et du Cours-la-Reine. Ensemble 7 pièces.

305. Suite de 31 vues des châteaux Royaux; Parcs; Eaux, etc., de Versailles; Saint-Germain, Marly; Chantilly; Saint-Cloud; aqueduc d'Arcueil, etc.; grav. par Perelle, et par Mariette, etc.

306. Paris : Fontaines publiques des Innocents; du Château d'Eau; de la porte Saint-Denis; de la Charité; des Petits-Pères, etc.; grav. par Mariette, etc. Ensemble 5 pièces.

307. Vues de divers paysages d'alentour de Paris, dess. et grav. par Flamen. *Paris,* Mariette, 9 pièces.

308. La Flore des environs de Paris, ou Distribution méthodique des plantes qui y croissent naturellement par Thuillier. *Paris,* an VII, in-8, d.-rel.

309. Seb. Vaillant, Botanicon parisiense. *Lugd. Batav.,* 1743; in-12, v. marb.

Cet exemplaire est interfolié de papier ; chaque page est couverte de notes manuscrites.

## LIVRES DIVERS.

310. Imitation de Jésus-Christ, fidèlement traduite du latin, par M. de Marillac, nouvelle édition publiée par M. S. de Sacy. *Paris,* 1854; in-16, vélin.

Bel exemplaire en GRAND PAPIER VÉRGÉ, tiré à CENT exemplaires, interfolié de même papier.

311. OEuvres de saint François de Sales. *Paris, Blaise,* 1835; 16 vol. in-8°, demi-rel. v. f. port. gr. fac-simile.

Bel exempl. de la meilleure édition. On y a ajouté : L'esprit de saint François de Sales, par P. Collot; 1 vol. — Vie de saint François de Sales, par Loyau d'Amboise, 1 vol. — Ensemble 18 vol. bien reliés uniformément.

312. Introduction à la vie dévote par saint François de Sales. *Paris, Blaise,* 1821; in-8, dos et coins mar. rouge, n. rogné portr. grav.

Exemplaire en papier vélin, d'une édition admirablement imprimée par Pierre Didot.

**313.** La Tradition de l'Église sur le sujet de la pénitence et de la communion, traduit en français par
A. Arnauld. *Paris,* 1645 ; in-4, v. éc. Rel. un peu
fatiguée.

Bel exemplaire.

**314.** Le Droict français, et coustume de la prevosté
et vicomté de Paris, où est fait rapport du droict
romain, par maistre Jean Troncon. *Paris,* 1626 ;
in-fol. v. br.

**315.** Commentaire sur l'esprit des lois de Montes-
quieu, suivi d'observations inédites de Condorcet
(par Destutt-Tracy). *Paris,* 1819 ; in-8, bas.

**316.** Dictionnaire des sciences occultes, publié
sous la direction de l'abbé Migne. *Paris,* 1846 ;
2 vol. gr. in-8, à 2 col. d.-rel. v.

Curieuse compilation et utile à avoir sous la main.

**317.** Instructions sur la musique (rédigées par
M. Bottée de Toulmon). *Impr. roy.,*1839 ; in-4, br.

13 pages et 7 planches présentant les types de la notation de chaque époque, depuis le VIII<sup>e</sup> siècle.

**318.** FONTENELLE. Entretiens sur la pluralité des
mondes. *Dijon (Paris, Renouard, an II)*; pet. in-8,
pap. vél. d.-rel. non rogné.

Jolie édition.

**319.** La Nymphomanie, ou Traité de la fureur uté-
rine, par de Bienville. *Amsterdam,* 1778 ; pet.
in-8, br.

**320.** Cours gastronomique, ou les Dîners de Manant-
ville, ouvrage anecdotique, philosophique et littéraire, seconde édition, par feu M. C***, ancien
avocat au parlement de Paris (Ch. L. Cadet-Gassi-
court). *Paris,* 1809 ; in-8, d.-rel. v. f. non rog.

**321.** Tratto di P. Vettori delle lodi e della coltiva-
zione de gli ulivi, colle annot. del Dott. Giusep.
Bianchini di Prato et di Dom. Manni. *Firenze,*
1762 ; in-4, d.-rel. portr.

Dissertation sur la culture de l'olivier, peu commune.

322. Maria Edgeworth. Éducation pratique, trad. libre de l'angl., par Ch. Pictet. *Paris*, 1801 ; 2 vol. in 8, d.-rel. veau fauve.

323. ORAISONS FUNÈBRES de Bossuet, Fléchier et autres orateurs, avec un discours et des notices par Dussault. *Paris, L. Janet,* 1820 ; 4 vol. in-8, brochés.

Exemplaire en GRAND PAPIER VÉLIN, FIGURES DE DESENNÉ. Beau livre imprimé par Jules Didot.

324. Nouvelles recherches sur le dicton populaire, faire ripaille, par G. Peignot. *Dijon*, 1836 ; br. in-8. (*Tiré à petit nombre.*)

325. Nouvel Art poétique, poëme en un chant, par Viollet-le-Duc. *Paris (Pierre Didot)*, 1809 ; in-12, cart. n. r. — L'Art de parvenir, poëme en un chant, par Viollet-le-Duc. *Paris,* 1817;in-12, br.

Rares en papier vélin: ils portent chacun un envoi autographe signé de l'auteur.

326. Essai sur l'homme, par Pope ; texte et traduction françoise (par de Silhouette). *Lausanne*, 1762; in-4, port. fig. v. m.

Portr. gravé par Will et fig. par Soubeyran.

327. La Fable de Psyché, figures de Raphaël. *Paris, H. Didot,* 1802; pet. in-fol. d.-rel. fig. au trait.

Papier vélin; belle impression; exemplaire de madame la duchesse de Berry.

328. Béranger. Chansons de J. de Béranger. *Paris,* 1828 ; 2 vol. in-8°, mar. rouge, fil. comp. tr. dor.

Belles figures et vignettes de Devéria, et figures coloriées par Henri Monnier.

329. Théâtre de société, ou Recueil de différentes pièces tant en vers qu'en prose, qui peuvent se jouer sur un théâtre de société (par Collé). *Paris,* 1768; in-8, v. marb. fil.

Bel exemplaire, avec la musique notée.

330. PRÉVOST (l'abbé) : Mémoires d'un homme de qualité ; Histoire du chevalier des Grieux et de Manon Lescaut ; le Doyen de Killerine ; Histoire de

Cheveland. *Paris*, 1808. Ensemble 14 vol. in-12,
br. non rogné.

Exemplaire en papier vélin d'une édition bien imprimée ornée de jolies figures.

331. Histoire de Gil Blas de Santillane, par Le Sage.
*Paris, Paulin*, 1836 ; gr. in-8, demi-rel. mar.
bleu, non rogné.

Belle édition publiée par Ch. Nodier, avec les charmantes vignettes dans le texte de Gigoux.

332. Mémoires du comte de Grammont, par Ha-
milton. *Paris*, 1825 ; gr. in-8, d.-rel. m. bl. non
rogné, portr.

Édition bien imprimée, publiée avec notes historiques et notice par Champagnac. PAPIER VÉLIN.

333. DE REIFFENBERG. Le Dimanche, récits de Mar-
silius Brunck. *Bruxelles*, 1834 ; 2 vol. in-12, d.-
rel. dos en toile, non rog.

Ces deux volumes renferment une foule de remarques piquantes et anecdotiques.

334. Le vicaire de Wakefield, par Goldsmith, traduit en français par Ch. Nodier, précédé d'une
notice sur la vie et les ouvrages de Goldsmith,
*Paris*, 1838 ; in-8, mar. bleu, fil. dent. tr. dor.

Magnifique édition avec le portrait sur chine, de nombreuses figures hors texte avant la lettre et des vignettes dans le texte.

335. Tom Jones, ou Histoire d'un Enfant trouvé,
par Fielding, traduction nouvelle (par de Labé-
doyère). *Paris, F. Didot*, 1833 ; 4 vol. in-8, demi-
rel. mar. r. n. rogné.

336. Contes fantastiques de Hoffmann, traduction
nouvelle précédés de souvenirs intimes sur la vie
de l'auteur, par Christian. *Paris*, 1843 ; gr. in-8,
demi-rel.

Belle édition illustrée par Gavarni.

337. Boccaccio. Il Decamerone di G. Boccaccio. *Lon-
dra* (*Parigi*,) 1757 ; 5 vol. in-8, veau.

Papier de Hollande; 111 charmantes figures et vignettes, culs-de-lampe d'Eisen, Gravelot, Boucher, etc. Bonnes épreuves.

338. OEuvres de F. Rabelais, nouvelle édition augmentée de plusieurs extraits des chroniques admirables du puissant roi Gargantua, avec des notes par P. Jacob (P. Lacroix). *Paris*, 1857: in-12, br.

339. Apologie pour Hérodote, ou Traité de la conformité des merveilles anciennes avec les modernes, par Henr. Estienne, nouv. édit., avec des remarques par Le Duchat. *La Haye*, 1735; 3 vol. in-8. v. m.

340. La Berlue (par Poinsinet de Sivry). *Londres à l'enseigne du Lynx*, 1759; in-12, broché n. rogné.

341. Description de six espèces de pets, ou Six Raisons pour se conserver la santé, prêchées le mardi gras, par le P. Barnabas, avec le Testament de Roger Bon-Temps. Nouv. édit. revue corrigée par M. Chicourt. *Troyes, Garnier, s. d.* pet. in-8, br.

342. OEuvres de Virgile, traduites en françois, par l'abbé Des Fontaines. *Paris*, 1796; 4 vol. in-8, v. marb. fil. dent. (*Texte latin en regard.*)

Bel exemplaire, avec les figures de Moreau jeune et un portrait gr.

343. OEuvres choisies d'A. Piron. *Londres*, 1797; 3 vol. in-18, port. gr. v. éc. fil. tr. dor. (*Collection Cazin.*)

Édition *non expurgata*.

344. OEuvres complètes d'Helvetius, avec un essai sur sa vie et ses ouvrages. *Paris, P. Didot*, 1795; 14 volumes in-18, demi-rel. v. bl. non rogné.

345. OEuvres de Machiavel, traduction nouvelle par T. Guiraudet. *Paris*, an VII; 9 vol. in-8, cart. n. rognés, port. gr.

Exempl. en PAPIER VÉLIN d'une traduction estimée, peu commune et bien imprimée.

346. OEuvres complètes de Caron de Beaumarchais. *Paris, Léopold Collin*, 1809; 7 vol. in-8, br. port. et fig. gr.

347. OEuvres de Louis XVI, précédées d'une histoire de ce monarque, et d'une lettre de M. Berryer. *Paris*, 1864; 2 vol. in-8, br. n. coupé.

348. OEuvres complètes de lord Byron, traduites par Benj. Laroche. *Paris*, 1859; 4 gr. vol. in-18, br. n. coupés.

349. Les Écrivains de l'histoire Auguste, traduits en françois (par de Moulines). *Berlin*, 1783; 3 vol. pet. in-8, v. rac. fil.

350. De la Monarchie française, depuis son établissement jusqu'à nos jours, par le comte de Montlosier. *Paris*, 1814; 2 vol. in-8, demi-rel. v. f.

351. Antiquités nationales, ou Recueil de monuments pour servir à l'histoire générale et particulière de l'Empire français..., par Aubin Louis Millin. *Paris*, 1790; 5 vol. in-4, fig. d.-rel. non rognés.

Les notices qui accompagnent les gravures, sont de bonnes dissertations sur tous les monuments que la Révolution a fait disparaître. On compte 249 planches.

352. Dix Ans d'études historiques, par Aug. Thierry. *Paris*, 1836; in-8, d.-rel.

353. Lettres sur l'histoire de France, pour servir d'introduction à l'étude de cette histoire, par Augustin Thierry. *Paris*, 1836; in-8, d.-rel.

354. Chronologie novenaire, contenant l'histoire de la guerre sous le règne de Henri IV, par P. Victor Cayet (avec une notice sur l'auteur). *Paris*, 1823; 6 vol. in-8, d.-rel. mar. non rognés.

Cette édition fait partie de la *Collection des mémoires publiés par Petitot et Monmerqué*, et est précédée des *Mémoires de Jean Choisnin* relatifs à l'élection de Henri III au trône de Pologne.

355. Des Cerémonies du Sacre, ou Recherches historiques et critiques sur les mœurs, les coutumes, les institutions et le droit public des Français dans l'ancienne monarchie, par C. Leber. *Paris*, 1825; in-8, d.-rel. dos et coins de mar. r. (40 planches.)

Ouvrage estimé et devenu rare.

356. L'État des sciences en France, depuis la mort
du roy Robert arrivée en 1031, jusqu'à celle de
Philippe le Bel, arrivée en 1314, dissertation de
l'abbé Lebeuf. *Paris,* 1741 ; in-12, v. marb.

357. Lettres de Lauraguais (L.-B.) à Madame * * *,
dans lesquelles on trouve des jugements sur quelques ouvrages, une conversation de Champfort,
un fragment des mémoires de Madame de Brancas
sur Louis XV, etc. *Paris,* 1802 ; in-8, d.-rel.

358. Voyages de Genève et de la Touraine, suivis de
quelques opuscules par M *** (Crignon d'Auzouer).
*Orléans,* 1779 ; in-12, d.-rel.

359. Mémoires du cardinal de Retz, suivis des instructions inédites de Mazarin, relatives aux fron-
deurs, avec une introduction par A. Champollion
Figeac. *Paris, Charpentier,* 1859 ; 4 vol. in-18, br.

360. Le Cardinal de Retz et son temps, étude historique et littéraire, par L. Curnier. *Paris,* 1862 ;
2 vol. in-8, br.

361. Les Intrigues amoureuses des rois de France,
depuis Charlemagne jusqu'à Henry IV inclusive-
ment. *Paris,* 1790 ; in-12, broché, n. rog.

362. Maison de santé de Préfargier, canton de Neu-
châtel, en Suisse ; plan, coupe, élévation et vues.
— Ensemble 6 superbes lithographies à deux teintes et sur papier de Chine, in-fol. avec texte, par
le docteur Boret.

363. Haute-Saône; carte topographique de la France,
gravée au Dépôt de la guerre. — Département de
la Haute-Saône, en 4 feuilles coloriées, collées
sur toile.

364. Carte théodosienne, connue sous le nom de
carte de Peutinger, 1 feuillet de texte et 2 exemplaires de la carte.

365. Les Pyrénées, dessins d'après nature, par
Achille Labat, 4 superbes lithographies à deux
teintes, gr. in-fol.

366. Mémoires de Mlle de Montpensier, petite-fille de Henri IV, avec notes biographiques, par A. Chéruel. *Paris, Charpentier*, 1858; 4 vol. in-18, br.

367. Les Gloires de la Savoie, par Jules Philippe. *Paris*, 1863; 1 vol. in-8, br.

368. La Bibliothèque d'Isabeau de Bavière, femme de Charles VI, suivie de la notice d'un livre d'heures qui paraît lui avoir appartenu, par Vallet de Viriville. *Paris*, 1858; br. in-8. (*Pap. de Holl.*)
Tiré à très-petit nombre.

369. Mémoires de la Grande-Bretagne et de l'Irlande, depuis la dissolution du dernier parlement de Charles II, traduits de l'anglais de J. d'Alrymple (par l'abbé Blavet de Besançon). *Londres*, 1775; 2 vol. in-8, v. fauve, fil. dent. tr. dor. (*Élégante reliure de Simier.*)
Ouvrage estimé et intéressant.

370. Histoire d'Hélène Gillet, ou Relation d'un événement extraordinaire et tragique survenu à Dijon, dans le xvii<sup>e</sup> siècle (par Gab. Peignot). *Dijon*, 1829; in-8, br.

371. Correspondance complète de Madame la duchesse d'Orléans, née princesse palatine, mère du régent, traduite par G. Brunet. *Paris, Charpentier*, 1855; 2 vol. in-18, d.-rel.

372. Fac-simile de 10 lettres autographes inédites de Henri IV, lithographiées par le comte de Lasteyrie, 10 feuillets in-fol.

373. Recherches sur les diverses opinions relatives à l'origine et à l'étymologie du mot pontife, par G. Peignot. *Dijon*, 1838; br. in-8. (*Tiré à petit nombre.*)

374. Catalogue des livres rares et singuliers de M. (Viollet le Duc). *Paris, de Bure, frères*, 1819. — Notice biographique et littéraire sur M. A.-A. Barbier, par L. Barbier, fils aîné. *Paris, Barrois*, port. — Catalogue des livres de la bibliothèque

de feu A.-A. Barbier. *Paris, Barrois l'aîné,* 1828;
en 1 vol. in-8, d.-rel. (*Prix.*)

375. Petite Bibliographie biographico-romancière,
ou Dictionnaire des romanciers tant anciens que
modernes. *Paris, Pigoreau,* 1821; in-8, br. (*Devenu rare.*)

376. De la Liberté de la presse à Dijon, au commencement du XVII<sup>e</sup> siècle, par G. Peignot. *Paris,*
1836; br. in-8. (*Tiré à* 100 *exempl.*)

377. Notice sur la vie et les ouvrages de G. Peignot,
par P. Guillemot. *Dijon, s. d.,* br. in-8.

378. Quelques Recherches sur d'anciennes traductions françaises de l'oraison dominicale, par G.
Peignot. *Dijon,* 1839; br. in-8. (*Tiré à* 100 *exempl.*)

379. Recherches historiques sur l'origine et l'usage
de l'instrument de pénitence appelé discipline,
par G. Peignot. *Dijon,* 1841; br. in-8. (*Tiré à petit nombre.*)

380. Négociations relatives à la succession d'Espagne sous Louis XIV, ou Correspondances, mémoires et actes diplomatiques concernant les prétentions et l'avénement de la maison de Bourbon
au trône d'Espagne, publiés par M. Mignet. *Paris,*
*Impr. royale,* 1835; 2 vol. in-4, br.

381. Histoire du roi Jean Sobieski et du royaume
de Pologne, par A. de Salvandy, de l'Acad. franç.
*Paris, Didier,* 1855; 2 vol. in-8, d.-rel. veau fauve.

382. Carte topographique de la Vallée de la Loire,
présentant le plan et le profil du chemin de fer
de Nantes à Orléans, dressée par la compagnie
soumissionnaire.

Une superbe carte, d'un travail aussi intéressant qu'admirable.

383. Histoire d'Hélène Gillet, ou Relation d'un événement extraordinaire et tragique survenu à Dijon dans le XVII<sup>e</sup> siècle, par G. Peignot. *Dijon,*
1829; br. in-8.

384. Recherches sur la bibliothèque du Grand
Condé, suivies du Catalogue des manuscrits qui se
trouvaient dans cette bibliothèque, par Le Roux
de Lincy. *Paris*, 1860; br. in-8.

385. Description raisonnée d'une jolie collection de
livres; nouveaux mélanges tirés d'une petite bibliothèque, par Ch. Nodier. *Paris*, 1844; in-8,
d.-rel. mar. non rogné.

Ce catalogue de la bibliothèque de Charles Nodier, rédigé par lui même et
enrichi de notes bibliographiques et littéraires, est précédé d'une introduction
par M. Duplessis; de la vie de Ch. Nodier, par Francis Wey; d'une notice bi-
bliographique sur ces ouvrages, de trois tables et des prix de la vente.

386. Mémoires historiques sur Louis XVII, roi de
France et de Navarre, ornés du portrait du jeune
prince et de celui de son auguste sœur; suivis de
fragments historiques recueillis au Temple par
M. de Turgi, et de notes et pièces justificatives;
dédiés et présentés à S. A. R. Madame, duchesse
d'Angoulême, par Eckard. *Paris*, 1818; in-8, d.-rel.
v. br.

Papier vélin, doubles figures.

387. Ariosto. Orlando furioso. *Birmingham, Bas-
kerville*, 1773; 4 vol. in-8, v. jaspé, fil.

Figures de Moreau, Bartolozzi, etc.

388. OEuvres de Molière, précédées d'une notice sur
sa vie et ses ouvrages par Sainte-Beuve. *Paris*,
1835; 2 vol. gr. in-8, d.-rel. m. bl.

Jolie édition avec les spirituelles vignettes de T. Johannot, et texte encadré.

389. Les Confessions de l'abbesse de Chelles, fille
du régent, par Lescure. *Paris*, 1863; in-12, br.
fig. grav.

390. Description des cérémonies et fêtes qui ont eu
lieu pour le couronnement de Napoléon I$^{er}$ et de
Joséphine son auguste épouse. *Paris, Leblanc*,
1807; 1 vol. gr. in-fol. cart., avec 12 planches
d'après les dessins de Percier.

391. Le Théâtre des antiquitez de Paris, où est traicté
de la fondation des églises et chapelles de la cité,

université, ville et diocèse de Paris, par le R. P.
du Breul. *Paris*, 1612; gros in-4, v. marb.

Beau portrait gravé de Ch. de Thou.

392. Blanc (Charles). Histoire des peintres de toutes
les écoles, depuis la Renaissance jusqu'à nos jours.
*Paris, J. Renouard et Cie*, 1853-1857; 150 livraisons gr. in-4, en 3 vol. cartonnés à l'anglaise.

393 Les Historiettes de Tallemant des Reaux. *Paris, Delloye*, 1840; 10 tom. en 5 vol. in-12, portr.,
demi-rel.

FIN DU CATALOGUE.